Ernährung in der Schwangerschap

WIE SIE MIT GUTER ERNÄHRUNG UND GESUNDEM LEBENSSTIL DIE SCHWANGERSCHAFT MEISTERN, INKL. ERNÄHRUNGS- UND TRAININGSPLAN, REZEPTE UND SMOOTHIES

Inhaltsverzeichnis

Was genau Sie hier erwartet

Die Schwangerschaft ist eine Zeit, die sich für einige Frauen als echte Kraftprobe erweist. Neben Heißhungerattacken und Morgenübelkeit leiden viele Frauen auch unter ernsthaften Gesundheitsbeschwerden z.B. an den Gelenken oder im Rücken. Dennoch ist die Zeit auch etwas ganz Besonderes und der erste Schritt zu einem Leben mit Kind, einem Leben als Familie. Die richtige Ernährung und ausreichend Bewegung sind bei dem „Zwischenschritt Schwangerschaft" besonders wichtig. Sie bilden die Grundlage für die Entwicklung ihres ungeborenen Babys! Abgesehen davon können Sie dadurch auch ihre eigene Gesundheit im Auge behalten und sicherstellen, dass sie während der Schwangerschaft fit und vital bleiben. Dadurch fällt auch der Übergang zu ihrem Alltagsleben nach der Schwangerschaft deutlich leichter.

Leider sind im Hinblick auf die richtige Ernährung in der Schwangerschaft einige Ernährungsmythen im Umlauf, die leider auch viel zu oft geglaubt und wörtlich genommen werden. Ein Beispiel: Das sprichwörtliche „für zwei essen" meint nicht die täglich aufgenommene Kalorienzahl zu verdoppeln oder etwa doppelt so große Portionen zu essen. Stattdessen ist damit eher gemeint doppelt so bewusst wie sonst darauf zu achten, was gegessen wird. Es geht also darum die eigene Nährstoffaufnahme im Auge zu behalten. Viel zu oft wird dieses kleine Sprichwort jedoch beachtet, was zu einer viel zu hohen Gewichtszunahme während der Schwangerschaft und dadurch auch zu ernsthaften Beschwerden für die Schwangere führt.

Mit Ernährungsmythen dieser Art wird im Folgenden noch etwas weiter aufgeräumt. Außerdem wird ein kleiner Ernährungsplan mit Rezeptvorschlägen zu finden sein, der als Orientierung für den eigenen Alltag dienen soll. Natürlich widmet sich auch ein Kapitel nur dem Thema Sport und Bewegung in der Schwangerschaft und somit auch der zweiten wichtigen Komponente eines gesunden und ausgewogenen Lebensstils. Ein paar Fitnessvorschläge werden deshalb auch im Ernährungsplan zu finden sein.

An dieser Stelle wünsche ich Ihnen viel Spaß beim Lesen und viel Erfolg beim Umsetzen meiner Tipps für eine gesunde und ausgewogene Schwangerschaft.

Kapitel 1: Ein paar allgemeine Grundregeln

Wie viele Kalorien sollte eine Schwangere eigentlich zu sich nehmen? Welche Lebensmittel sind tabu und warum? Wie kann ich die Gesundheit meines Kindes sonst noch fördern? Diesen und vielen weiteren Fragen widmet sich dieses erste Kapitel. Es soll den Einstieg in die Materie erleichtern und das Bewusstsein für gesunde und ungesunde Verhaltensweisen in der Schwangerschaft fördern.

„Dos" and „Don'ts" in der

Schwangerschaft "

Als eine der wichtigsten und bekanntesten Grundregeln in der Schwangerschaft gilt das strikte Verbot von Alkohol- und Nikotinkonsum. Diesem Grundsatz ist ohne Frage zuzustimmen! Alkohol und Nikotin in der Schwangerschaft sind auf Grund der Risiken für das ungeborene Kind abzulehnen. Ohne zu weit in die medizinischen Fakten auszuholen, möchte ich hier nur kurz sagen, dass Alkohol- und Nikotinkonsum in der Schwangerschaft Entwicklungsstörungen des Kindes zur Folge haben kann. Wer in dieser Hinsicht interessiert ist, kann sich eine Dokumentation oder Ähnliches zum Thema ARND also „Alcohol Related Neurodevelopment Disorder" anschauen. ARND ist nämlich die häufigste alkoholbedingte Schädigung von ungeborenen Kindern.

Ein weitere sehr bekannte, aber diesmal glücklicherweise falsche Ernährungsregel ist auf Kaffee bzw. Koffein zu verzichten. Zu diesem Punkt sind sich die WHO, also die Weltgesundheitsorganisation und zahlreiche Gynäkologen einig: Koffein in kleinen Mengen ist vollkommen unbedenklich. Die WHO empfiehlt dennoch den Konsum gering zu halten. Bei Kaffee seien maximal 3 Tassen am Tag unbedenklich, bei Cola sei hin und wieder ein Glas vollkommen in Ordnung. Das ist in der Regel auch nicht mehr als die meisten Menschen sonst zu sich nehmen. In diesem Bereich sollten Sie also keine Probleme haben.

Eine andere grundsätzliche Ernährungsregel in der Schwangerschaft ist die Vermeidung von rohen oder halbrohen Lebensmitteln.

Auch dieser Regel ist zu folgen. Rohe Lebensmittel, vor allem Fisch und Fleisch, können nämlich Listerien enthalten. Diese können einen grippeähnlichen Infekt mit Durchfall und Erbrechen auslösen und sind gefährlich für das ungeborene Kind, da dieses noch kein funktionsfähiges Immunsystem hat. Es empfiehlt sich daher Eier, Fleisch und Fisch immer gut durchzubraten und zu kochen, damit das ungeborene Kind nicht in Gefahr gebracht wird. Auf klassisch roh servierte Gerichte wie Carpaccio, Sushi oder Mett ist also auch zu verzichten. Tatsächlich zählen aber in diese Kategorie auch Rohmilchkäsesorten.

Eine vielen schwangeren Frauen bereits bekannte Grundregel ist die, dass auf Quecksilber haltige Fischsorten verzichtet werden soll. Beispiele für diese sind zum Beispiel Schwertfisch, Thunfisch, Heilbutt und Hecht. Auch dieser Regel sollte man sicherheitshalber Glauben schenken! Andere Fischsorten hingegen sollten keinesfalls gemieden werden. Es werden sogar zwei Portionen Fisch pro Woche von der WHO empfohlen. Traut euch also ruhig an Lachs & Co heran, wenn ihr gerne Fisch esst. Probiert auch verschiedene Fischsorten, immerhin ist Ausgewogenheit ja eines der wichtigsten Grundkonzepte einer gesunden Ernährung, auch und vor allem in der Schwangerschaft.

Grundsätzlich gilt außerdem in der Schwangerschaft, Obst und Gemüse stets gründlich abzuwaschen. Das werden Sie aber wahrscheinlich ohnehin schon machen. Es ist ja mittlerweile bekannt, dass es unter Umständen schädlich sein kann abgepacktes Gemüse und Obst aus dem Supermarkt ungewaschen zu verzehren. In der Schwangerschaft sollte man aber vielleicht noch ein wenig gründlicher dabei vorgehen und ein paar Sekunden mehr investieren.

Ein Thema, das vielen Schwangeren Kopfzerbrechen bereitet, ist der richtige Kalorienbedarf am Tag. Auch diese Frage möchte ich hier beantworten. Grundsätzlich ist es so, dass der Kalorienbedarf sich nach den verschiedenen Trimestern unterscheidet.

Im ersten Trimester ist tatsächlich gar keine Erhöhung im Kalorienbedarf notwendig. Stattdessen sollte unter Beachtung der oben genannten Ernährungsregeln wie gewohnt weiter gegessen werden. Dadurch sollte auch in den ersten zwölf Wochen die Gewichtszunahme nicht allzu hoch sein.

Ab dem zweiten Trimester wird eine Erhöhung der täglichen Kalorienaufnahme um 200-250 Kalorien empfohlen. Dies entspricht in etwa einem zusätzlichen Snack am Tag. Die extra Kalorien sollten natürlich nicht in Form von Süßigkeiten und sehr fettigen Lebensmitteln aufgenommen werden, sondern stattdessen vor allem in Form von Obst und Gemüse.

Zum dritten Trimester sollte der Kalorienbedarf ein weiteres Mal erhöht werden. Diesmal werden circa 150 Kalorien mehr am Tag empfohlen. Im dritten Trimester sollte also anstelle eines Snacks eine zusätzliche, kalorienarme Mahlzeit gegessen werden. Die Kalorienaufnahme der Schwangeren erhöht sich also insgesamt maximal um 400 Kalorien. Das ist deutlich weniger als von den meisten Schwangeren angenommen wird. Dies führt dazu, dass in der Schwangerschaft zu früh, zu schnell zugenommen wird und dadurch sämtliche bereits vorhandenen Schwangerschaftsbeschwerden sich verschlimmern oder vermehrt auftreten.

Grundsätzlich sollte sich die Gewichtszunahme also in einem kontrollierten Rahmen bewegen. Bei Frauen mit einem niedrigen BMI im Untergewicht liegt dieser zwischen 12 und 18 kg. Eine schwangere Frau mit Normalgewicht sollte zwischen 10 und 16 kg zunehmen. Falls die Schwangere bereits vor der Geburt im Übergewicht ist, sollte die Schwangerschaft maximal eine Gewichtszunahme von 7-10 kg zur Folge haben. Es ist weder von Vorteil für die Schwangere noch für das Baby, wenn die Gewichtszunahme sich unter oder über den genannten Werten bewegt. Von einer parallel zur Schwangerschaft ablaufenden Diät aber auch von täglichen Heißhunger- und Futterattacken ist deshalb stark abzuraten. Starkes Über- oder Untergewicht machen die Schwangerschaft nur beschwerlicher!

Beides empfiehlt sich auch übrigens für die Stillzeit nach der Geburt nicht. Stattdessen sollte die Schwangere vorerst bei einem gesteigerten Kalorienbedarf bleiben, um dadurch ihr neugeborenes Baby angemessen versorgen zu können. Es gilt jedoch gleichzeitig der Grundsatz, dass die Schwangere sich zu nichts zwingen sollte.

Wer also vor der Schwangerschaft jeden Tag einen Schokoriegel und ein Eis gegessen hat, kann und soll dies in der Schwangerschaft auch weiter tun. Es wirkt sich nämlich auch die Psyche der Schwangeren stark auf das ungeborene Baby aus. Ist die schwangere Frau konstant gestresst, schlecht gelaunt oder unzufrieden, tut das dem Baby nichts Gutes.

Abgesehen davon geht es in der Schwangerschaft ja nicht nur um das Baby, sondern vor allem auch um Sie als Schwangere. Hören Sie also auf Ihren Körper und genießen Sie die Zeit so gut es für Sie geht.

Das Fazit dieses Kapitels lautet also: Gönnen Sie sich auch mal was (in Maßen) und verbieten Sie sich nicht ihre Gewohnheiten! Außer natürlich Sie rauchen und trinken regelmäßig. Davon sollten Sie in der Schwangerschaft absehen.

KAPITEL 2: SPORT & BEWEGUNG

Beinahe selbsterklärend ist mittlerweile, dass für eine gesunde und ausgewogene Lebensweise nur die Ernährung allein nicht ausschlaggebend ist. Stattdessen sind es vor allem auch unsere Alltagsbewegung und unsere sportlichen Aktivitäten, die uns schlank, fit und gesund halten.

Sport und Bewegung spielen auch in der Schwangerschaft eine große Rolle, auch wenn die Schwangere oft weder Lust noch Motivation dafür hat. Vor allem im ersten Trimester haben Schwangere oft mit Müdigkeit und Trägheit zu kämpfen. Doch gerade in dieser Phase ist sind das Schonen und die Antriebslosigkeit fehl am Platz. Stattdessen sollte die Schwangere versuchen so lange es geht an ihren Gewohnheiten festzuhalten und sich zur Aktivität aufzuraffen. Wie das besser funktioniert, verrate ich Ihnen in diesem Kapitel!

Welchen Sport schwangere Frauen am besten treiben sollten

Ein häufiger Fehler, den viele Schwangere machen, ist sämtliche Sportarten, die sie vor der Schwangerschaft betrieben haben, während der Schwangerschaft komplett aufzugeben. Meist werden die Sportarten dann auch nach der Schwangerschaft aufgegeben und die Frauen kehren nicht mehr in die Vereine oder Fitnessstudios zurück. Das führt zu dem „Problem", dass viele Frauen das in der Schwangerschaft zugenommene Gewicht gar nicht mehr oder kaum loswerden. Längerfristig führt das zu sehr großer Unzufriedenheit.

Selbstverständlich bieten nicht alle Sportarten sich unbedingt für Schwangere an. Wer beispielsweise, eine Kampfsportart wie Boxen, Karate o.Ä. betrieben hat, sollte davon eher absehen. Problematisch sind auch wettkampforientierte Sportarten wie z.B. das Training für einen Marathonlauf. Ansonsten können auch Ballsportarten problematisch sein, da hier die Verletzungsgefahr recht groß ist.

Die Gefahr der meisten Sportarten wird aber vollkommen grundlos überschätzt. Beispielsweise war das Reiten als Sportart für Schwangere sehr lange verpönt. Gegen Dressurreiten, Springreiten oder andere reiterliche Aktivitäten spricht aber medizinisch bis zur 34. Woche gar nichts. Ebenfalls lange als verboten galten das Bouldern und Klettern. Beides ist aber mit Vorsicht absolut unbedenklich.

Wer vor der Schwangerschaft in einem Tanzverein war oder leidenschaftlich gerne gejoggt ist, sollte das auch während der Schwangerschaft weiter machen. Es ist nämlich durchaus gut seine Routinen und Abläufe beizubehalten. Auch natürlich, damit sich der Gewichtsverlust im Rahmen hält. Wenn ihr eure Bewegungs- und Sportroutinen beibehaltet, werdet und solltet ihr keine Einschränkungen oder Probleme bemerken. Circa ab der 34. Schwangerschaftswoche sind Einschränkungen im Alltag jedoch quasi unvermeidbar. Ab dann sollte von anstrengenderen Sportarten Abstand genommen werden, da diese körperlich wahrscheinlich ohnehin nicht mehr möglich sind.

Mit ein Grund, warum Schwangere oft im ersten Trimester unter Antriebslosigkeit leiden, ist die Tatsache, dass viele sich einreden, Ruhe sei absolut notwendig und Bewegung regelrecht schädlich. Glauben Sie das bitte nicht!

Genau das Gegenteil ist nämlich bewiesen. Schwangere, die sich bis in die späteren Schwangerschaftswochen viel bewegt haben und ihre Alltagsroutinen beibehalten haben, haben wesentlich unbeschwerlichere Schwangerschaften und Geburten. Vielleicht ist das ja ein Anreiz für Sie, sich auch in den frühen und späteren Schwangerschaftswochen ihren Lieblingssportarten zu widmen? Auch die Rückbildung soll wesentlich besser laufen, wenn die Schwangere so lange wie möglich aktiv geblieben ist.

Sie sind eher weniger sportbegeistert und haben wenig Interesse daran sich mit anstrengenden Sportarten herumzuschlagen? Das ist auch kein

Problem. Es gibt nämlich zahlreiche Sportkurse und Übungen, die auf Schwangere ausgelegt sind und deshalb auch weniger anstrengend und eher entspannend sind.

Ein klassisches Beispiel ist Schwangerschaftsyoga. Wem das Ganze dann doch zu unsportlich ist (denn diese Kurse sind meistens sehr auf Atem- und Entspannungsübungen fokussiert), der kann sich auch einen normalen Yoga Kurs auf Anfängerlevel überlegen. Beides bietet sich sehr für Frauen an, die vor der Schwangerschaft wenig mit Sport am Hut hatten.

Ein weiteres klassisches Beispiel ist die Schwangerschaftsgymnastik. Auch diese Kurse sind in der Regel ganz auf die Bedürfnisse der schwangeren Frau zugeschnitten.

Ansonsten werden noch recht häufig Schwangerschaftsschwimmen und Schwangerschaftsaquagymnastik angeboten. Für leidenschaftliche Schwimmbadgänger sind diese Kurse besonders interessant.

Am besten ist es jedoch, verschiedenen Sportarten zu versuchen und beizubehalten. In jedem Fall sollte der Sport auch drei-viermal die Woche stattfinden. Dazu sollte die Schwangere sich auch auf jeden Fall jeden Tag noch ein wenig im Alltag bewegen z.B. in Form von Fahrrad fahren oder einem langen Spaziergang.

Aus diesem Kapitel können Sie also mitnehmen, dass Sie keine Angst vor zu viel Bewegung und Sport haben sollten und müssen. Sie tun nämlich sich und Ihrem ungeborenen Baby etwas Gutes!

KAPITEL 3: EINE GESUNDE & AUSGEWOGENE ERNÄHRUNG

In diesem Kapitel soll es noch ein wenig detaillierter darum gehen, was Sie in der Schwangerschaft zu sich nehmen sollten. Dabei sind Nahrungsergänzungsmittel auch ein Thema.

Was man in der Schwangerschaft zu sich nehmen sollte

Welche Lebensmittel in der Schwangerschaft wie oft konsumiert werden sollten, stellt die „Österreichische Ernährungspyramide für Schwangere und Stillende" sehr anschaulich dar. Natürlich handelt es sich dabei wie bei allen Ernährungsmodellen um eine sehr perfektionierte Theorie. Es ist deshalb nicht wichtig oder notwendig sich 1:1 an diese Pyramide zu halten. Als Orientierung dient sie aber wunderbar. Bei Interesse können Sie sich ja mal eine Grafik dazu anschauen. Inhaltlich werde ich die Pyramide aber im Folgenden grob aufschlüsseln.

Empfohlen werden fünf kleine Portionen am Tag, statt drei großen Mahlzeiten wie die meisten Menschen es normalerweise gewohnt sind. Das hat den Grund, dass viele Schwangere im Laufe der Schwangerschaft Probleme beim Verdauen von großen Portionen haben und sich mit Sodbrennen und Verstopfungen herumschlagen. Dieses Problem löst man einfach, indem man die Kalorienmenge von drei großen Mahlzeiten in mehrere kleine packt.

Besonders wichtig für die Schwangere ist außerdem eine hohe Flüssigkeitsaufnahme, am besten Wasser oder ungesüßter Tee.

Dasselbe gilt übrigens auch für die nach der Geburt stillende Frau. Als Richtwert gelten hier um die 2 Liter.

Jeden Tag sollte die Schwangere drei Portionen Gemüse- oder Hülsenfrüchte z.B. Bohnen oder Erbsen und zwei Portionen Obst zu sich nehmen. Das bedeutet, dass jede der fünf Mahlzeiten entweder etwas Obst, Gemüse oder Hülsenfrüchte enthalten sollte. Wenn Sie hier etwas mehr als nötig zu sich nehmen, ist das keineswegs schädlich, sondern positiv. Achten Sie jedoch darauf nicht immer dieselben Obst- und Gemüsesorten zu sich zu nehmen und stattdessen etwas abzuwechseln. Da sind wir übrigens wieder beim Stichwort Ausgewogenheit.

An Kohlenhydraten also Nudeln, Reis etc. sollten jeden Tag circa 3-4 Portionen gegessen werden. Dabei gilt es,

Vollkornprodukte oder Kartoffeln einem Stück Baguette oder einem Flammkuchen vorzuziehen. Aber natürlich gilt auch hier, dass kleine Sünden erlaubt sind. Wem es nach einer Pizza gelüstet, sollte sich nicht scheuen, sich eine zu machen. Dabei ist natürlich eine selbstbelegte, vielleicht sogar mit einem selbstgemachten Teig der Tiefkühlvariante vorzuziehen.

Milchprodukte sind auf Grund des in ihnen enthaltenen Kalziums übrigens auch sehr wichtig. Empfohlen werden drei Portionen am Tag. Dabei sollte genau wie auch bei Obst und Gemüse für Abwechslung gesorgt sein. Eine ausgewogene Ernährung ist nämlich die Grundlage für eine gesunde Schwangerschaft.

Fisch wird zweimal die Woche empfohlen. Auf Grund seines hohen Omega-3-Fettsäuren Gehalts ist er nämlich sehr gesund. Aber auch Fleisch und Eier sollten in der täglichen Ernährung nicht fehlen. Fettärmere Produkte sind in diesem Bereich vorzuziehen. Damit sind jedoch nicht „light" Produkte gemeint, denn die enthalten ja nachgewiesen ziemlich viel Zucker und sind nicht unbedingt förderlich für die Gesundheit. Stattdessen eher fettarme Fleisch- und Fischsorten. Oder Joghurt und Quark statt Mascarpone und Ricotta.

Fettreiche Fleischsorten enthalten viel Cholesterin und sind deshalb unter Umständen nicht geeignet für Schwangere, die ohnehin schon unter Bluthochdruck leiden. Bluthochdruck und Schwangerschaftsdiabetes sind zwei sehr häufige Schwangerschaftserkrankungen. Beiden kann durch eine gesunde und ausgewogene Ernährung vorgebeugt werden.

Was Fett und pflanzliche Öle angeht, so werden der schwangeren Frau zwei Portionen am Tag empfohlen. Wenn Sie hier hin und wieder etwas(!) das Maß überschreiten ist das jedoch nicht allzu tragisch.

Viele Schwangere nehmen außerdem in der Schwangerschaft Nahrungsergänzungsmittel zu sich. Wenn Sie sich in dieser Hinsicht schonmal ein bisschen informiert haben, werden Sie festgestellt haben, dass es eine ganze Bandbreite an Produkten gibt, die auf Schwangere ausgelegt sind.

Notwendig sind hierbei aber nur Folsäure und Iod. Bei beiden Stoffen wird empfohlen die Supplementierung bereits ab dem Zeitpunkt des Kinderwunsches einzunehmen. Dadurch wird möglichen Mängeln in der Schwangerschaft vorgebeugt. Ein erhöhter Iod Bedarf ist nämlich nur schwer durch die tägliche Ernährung zu decken. Man müsste wohl jeden Tag mehrfach Fisch essen, damit das durch die Nahrung aufgenommene Iod reicht. Deshalb sind die genannten Supplementierungen sinnvoll. Alle anderen Nahrungsmittelergänzungen können Sie (außer wegen speziellen Gesundheitsbeschwerden) außer Acht lassen. Ausreichen sollte von beiden Supplementierungen jeweils eine Tablette am Tag.

KAPITEL 4: FITNESS- UND ERNÄHRUNGSPLAN

Im letzten Kapitel dieses Buches soll es darum gehen, wie die in den vorherigen Kapiteln präsentierten Informationen am besten zusammengeführt werden können. Das Ganze findet in der Form eines kleinen Fitness- und Ernährungsplan statt. Der Plan soll eine kleine Hilfestellung dabei geben den eigenen Alltag in der Schwangerschaft ein wenig gesünder zu gestalten. Natürlich steht es Ihnen frei wie und ob Sie den Plan umsetzen. Er bietet sich auch immerhin nicht unbedingt für jeden an, da er vorsieht, dass die Schwangere sowohl Fisch, Fleisch als auch vegetarische Proteinquellen zu sich nimmt. Dennoch ist vielleicht der ein oder andere brauchbare Tipp für Sie dabei, der

Ihnen dabei hilft, ihre Schwangerschaft ein wenig gesünder zu gestalten.

Im folgenden Ernährungsplan ist jeder der Tage auf etwa 2000 kcal ausgelegt. Das heißt es ist möglich, dass sie im ersten Trimester gar nicht beide Snacks brauchen. Im dritten Trimester hingegen werden Sie vielleicht etwas mehr Appetit haben und können deshalb zum Beispiel die Größe der Snacks verdoppeln oder alle Hauptmahlzeiten etwas vergrößern.

Grundsätzlich hängt ihr Kalorienbedarf jedoch auch stark von ihrem Ausgangsgewicht vor der Schwangerschaft ab. Als aktive, normalgewichtige Frau dürfte, der bei etwa 1800 kcal am Tag liegen. Mit 2000 kcal dürften Sie also gut zu dem zweiten Trimester kommen. Ihren regulären Kalorienbedarf können Sie aber präzise von Ihrem Arzt oder Ihrem Fitnessstudio errechnen lassen. Sollte dieser höher liegen als hier veranschlagt, können Sie die Portionsgrößen nach ihrem Bedarf vergrößern.

Wie eine Woche in Ihrer gesunden

Schwangerschaft aussehen könnte

<u>Tag 1:</u>

Frühstück:

Zwei Scheiben Vollkornbrot, belegt mit jeweils einer Viertel Avocado (gesalzen und gepfeffert) und einem hartgekochten Ei, dazu eine Tasse Tee oder Kaffee

Wer möchte, kann hier die Avocado auch mit einer Gabel zerdrücken oder sogar eine Guacamole zubereiten. In feine Scheiben geschnitten schmeckt die Avocado aber auch wunderbar.

Kalorien: 500

Snack:

1 Banane und ein paar Nüsse ihrer Wahl

Kalorien: 150

Mittagessen:

Eine Portion Vollkornnudeln mit Cherry Tomaten, Mozzarella & Rucola

Für dieses Rezept einfach circa 80g Vollkornnudeln abkochen. Parallel dazu eine Knoblauchzehe in einem EL Öl anbraten. Anschließend die gekochten Nudeln in die Pfanne geben und mit halbierten Cherry Tomaten und kleinen Mozzarella Stücken schwenken. Mit Salz, Pfeffer, Oregano und Basilikum würzen. Mit Rucola als Topping servieren.

Dieses Rezept ist nicht nur schnell und einfach, sondern kann auch beliebig durch andere Gemüsesorten ergänzt werden. Genauso gut können die verwendeten

Zutaten leicht ersetzt oder neu kombiniert werden.

Kalorien: 500

Snack:

 1,5% oder 3,8% Naturjogurt (250g) mit einer Portion Beerenobst Ihrer Wahl

Kalorien: 200-300

Abendessen:

1 Portion Lachs (200g) auf braunem Reis & einem Gemüse ihrer Wahl

Bei diesem Gericht lässt sich der Lachs ganz einfach durch Hühnchen oder eine andere Fleisch- oder Fischsorte ersetzen. Dasselbe gilt auch für den braunen Reis. Anstelle von braunem Reis könnte nämlich beispielsweise auch Bulgur oder Couscous verwendet werden. Bei der Auswahl einer Gemüsesorte sind sie ohnehin flexibel. Brokkoli bietet sich hier sehr an.

Kalorien: 600-700

Bewegung/Sport:

Eine kleine Fahrradtour (circa 45 min) oder ein langer Spaziergang (circa 10000 Schritte)

<u>**Tag 2:**</u>

Frühstück:

Eine Portion Jogurt (125g) mit Haferflocken, Obst und Nüssen, dazu eine Tasse ungesüßter Tee oder Kaffee

Kalorien: 500

Snack:

Zwei Reiswaffeln mit einer dünnen Schicht Erdnussbutter & einer Banane belegt

Falls Sie keine Erdnussbutter mögen, können Sie stattdessen auch etwas Nuss-Nougat Creme verwenden. Ist zwar nicht so gesund, aber lecker allemal!

Kalorien: 200

Mittagessen:

Ein grüner Salat mit Hähnchen- oder Putenstreifen & Sonnenblumenkernen als Topping, angemacht mit einer leichten Essig-Öl-Vinaigrette

Auch hier lässt sich das Hähnchen wunderbar durch eine andere Fisch- oder Fleischsorte ersetzen. Tofu oder vegetarische Proteinquellen sind hier ebenfalls eine Möglichkeit.

Kalorien: 500

Snack:

Ein paar Gemüse Sticks mit einem Jogurt-Schnittlauch Dip

Gurken und Karotten bieten sich besonders an und schmecken besonders gut zu dem Dip. Für den Dip einfach Naturjogurt mit einer großzügigen Menge Schnittlauch vermischen, anschließend ordentlich salzen und pfeffern. Der Dip schmeckt übrigens auch super kombiniert mit einer selbstgemachten oder gekauften Mojo Rojo.

Kalorien: 150

Abendessen: Eine Asiatische Reis-Gemüse Pfanne mit Tofu

https://veganheaven.de/Rezepte/gemuese-tofu-pfanne-mit-reis/

Auch hier gilt, dass sich das Tofu auch wunderbar durch Hühnchen ersetzen lässt. Genauso wie die Gemüsesorten problemlos austauschbar sind. Sie dürfen hier also kreativ werden.

Kalorien: 600-700

Bewegung/Sport:

Yoga oder Schwangerschaftsyoga (45-60 min)

<u>Tag 3:</u>

Frühstück:

Vollkornpfannkuchen mit frischem Obst und etwas Ahornsirup

Für diese Pfannkuchen benötigen Sie lediglich:

- Vollkornmehl

- 1 Ei

- Milch

- Eine Prise Salz

Wie Sie sehen können, sind diese Pfannkuchen absolut zuckerfrei. Das heißt es besteht die Möglichkeit Sie auch herzhaft zu belegen, falls Ihnen das besser gefällt. Durch den Ahornsirup und das frische Obst als Topping sind die Pfannkuchen aber auch als süßes Frühstück toll geeignet.

Kalorien: 500

Snack:

Eine kleine Portion fettarmer Naturjogurt (125g) mit einer Banane/einem anderen frischen Obst eurer Wahl

Kalorien: 150-200

Mittagessen:

Ein Vollkornsandwich „Caprese"

Für dieses leckere Sandwich benötigt ihr nur zwei Scheiben Vollkornbrot eurer Wahl, eine Kugel Mozzarella sowie eine Tomate und etwas Basilikum. Die Zutaten müsst ihr dann einfach nur noch auf dem Sandwich aufeinanderschichten und mit einem Schuss Balsamico Essig verfeinern. Dieses Mittagessen ist leicht und lecker!

Kalorien: 500

Snack:

1 Glas Milch (250 ml)

Milch ist wegen ihres hohen Kalziumgehalts sehr gesund und deshalb vor allem für Schwangere super geeignet. Wann haben Sie das letzte Mal ein Glas Milch getrunken? Es ist womöglich schon eine ganze Weile her. Aber wenn Sie es versuchen, werden Sie feststellen, dass Milch sehr sättigend ist und gar nicht übel schmeckt. Deshalb ist sie auch ein wunderbarer Snack am Nachmittag. Wer es gerne etwas süßer hätte, kann auch eine Bananenmilch daraus machen, indem er die Milch einfach mit einer Banane püriert.

Kalorien: 200

Abendessen:

Spaghetti Bolognese

https://www.kitchenstories.com/de/rezepte/spaghetti-bolognese

Spaghetti Bolognese ist seinen Inhaltsstoffen und Zutaten nach einem wunderbar ausgewogenes Gericht. Das verwendete Hackfleisch lässt sich leicht und vor allem ohne Geschmackseinbußen durch Tofu Hackfleisch ersetzen. Dadurch spart man sich auch einige Kalorien.

Kalorien: 600-800

Bewegung/Sport:

Kardio Workout zuhause (45 min) oder eine Runde intensiv Joggen/Fahrrad fahren

<u>Tag 4:</u>

Frühstück:

Eine Portion Porridge (50g Haferflocken) mit Himbeeren & Nüssen als Topping

Das Porridge kann entweder mit Wasser oder mit Milch zubereitet werden. Mit Milch ist es wesentlich cremiger und nimmt wesentlich besser verschiedene Geschmacksrichtungen an. Besonders leckere Gewürze sind Zimt und Vanilleextrakt. Bei den Toppings kann zwischen verschiedenen Obst- und Nusssorten variiert werden.

Kalorien: 400

Snack:

2 selbstgemachte Bananen Muffins (zuckerfrei und sehr lecker!)

Kalorien: 300

Mittagessen:

Hühnersuppe

Alternativ bieten sich auch andere leichte Suppen an z.B. Tomaten- oder Pilzsuppe. Da könnt ihr ganz nach eurem Geschmack entscheiden

Kalorien: 500

Snack:

1,5% und 3,8% Joghurt (250g) mit Beerenobst

Kalorien: 200-300

Abendessen:

Schnitzel mit Kartoffeln und Erbsen-Karotten Gemüse

Dieses Gericht ist ein Klassiker der Hausmannskost und lässt sich auch wunderbar vegetarisch zubereiten. Das Schnitzel lässt sich beispielsweise durch vegetarisches Schnitzel oder vegetarisches Cordon Bleu.

Kalorien: 600 kcal

Bewegung:

Schwangerschaftsschwimmen oder Aquagymnastik (45-60 min); falls kein Schwimmbad verfügbar: ein langer Spaziergang (10000 Schritte) oder eine Fahrradtour (mind. 45 min)

<u>Tag 5:</u>

Frühstück:

Himbeer-Banane Smoothie Bowl mit Nüssen & Kakao Nibs als Topping

Gefrorene Banane und gefrorene Himbeeren zusammen mit einem Schluck Wasser pürieren. Himbeeren bekommt man als TK Variante in fast jedem Supermarkt. Gefrorene Bananen hingegen kann man ganz leicht selbst machen. Dafür müsst ihr einfach ein paar sehr reife, fast überreife Bananen in Scheiben schneiden und dann in einem Gefrierbeutel einfrieren. Die Toppings lassen sich übrigens auch hier wunderbar austauschen und variieren.

Kalorien: 400

Snack:

Ein leckeres Stück Kuchen oder ein anderes „Comfort Food" ihrer Wahl

Bei diesem Snack geht es darum sich auch mal etwas zu gönnen. Einmal bis zweimal die Woche sollte so etwas überhaupt kein Problem darstellen. Wenn Sie es aber öfters brauchen, sollten Sie sich das auch nicht verbieten. Nur sollte die Schwangerschaft nicht in einem „Fressfest" ausarten. Das schießt nämlich ein wenig über das Ziel hinaus.

Kalorien: 350

Mittagessen:

Couscous-Salat

https://www.essen-und-trinken.de/rezepte/32921-rzpt-couscoussalat

Dieses Rezept ist sehr lecker und sehr gesund. Auf Grund der geringen

Kalorienmenge würde ich Ihnen aber nahelegen die doppelte Menge zu essen, damit Sie ihren Kalorienbedarf besser decken können.

Kalorien: 400

Snack:

250 g Magerquark mit frischen Beeren

Magerquark an sich hat keinen besonders angenehmen Eigengeschmack. Deshalb würde ich euch empfehlen ihn erst mit Wasser glatt zu rühren und dann mit etwas Honig oder Agavendicksaft zu süßen. Dadurch schmeckt das Ganze dann eigentlich ganz lecker.

Kalorien: 200 kcal

Abendessen:

Chili con Carne mit etwas Brot oder Reis

https://www.chefkoch.de/rezepte/11670712227
77296/Chili-con-Carne.html

Vegetarisch schmeckt dieses Gericht auch
super!

Kalorien: 500

Bewegung/Sport:

Schwangerschaftsgymnastik (45 min)

<u>Tag 6:</u>

Frühstück:

Rührei mit Spinat und Champignons dazu 2 Scheiben Vollkornbrot, dazu Kaffee oder ungesüßter Tee

Auch hier könnt ihr die Gemüsesorten austauschen oder variieren.

Kalorien: 500

Snack:

1 Banane und 1 Glas Milch

Kalorien: 300

Mittagessen:

1 Portion Tomatensuppe

Kalorien: 350

Snack:

„Nice Cream"

Für die sogenannte "Nice Cream" müsst ihr bloß zwei gefrorene Bananen mit einem Esslöffel Kakaopulver pürieren. Ein Schluck Wasser hilft in der Regel, damit die Mischung sich leichter pürieren lässt. Das Endergebnis erinnert der Konsistenz und dem Geschmack nach an Schokoladeneis. Verfeinern lässt das Ganze sich dann noch durch ein paar Stückchen Schokolade. Die findet ihr in der Regel in der Backabteilung im Supermarkt.

Kalorien: 300

Abendessen:

1 Portion Seelachs (200g) auf Risi-Pisi

https://www.gutekueche.at/risipisi-rezept-1493

Kalorien: 600

Bewegung/Sport:

1 kleiner Ausflug, vielleicht eine Wanderung oder eine längere Fahrradtour

<u>Tag 7:</u>

Frühstück:

2 Spiegeleier auf zwei Scheiben Vollkornbrot dazu eine rote Paprika oder ein anderes Gemüse eurer Wahl

Kalorien: 500

Snack:

Griechischer Joghurt (125g) mit ein paar Himbeeren

Kalorien: 200

Mittagessen: Gnocchi Auflauf (500 kcal)

https://www.kitchenstories.com/de/rezepte/gebackene-gnocchi-mit-cherrytomaten

Snack:

Eine Portion Grießbrei oder Milchreis

Kalorien: 250

Abendessen:

Kartoffel-Tofu Pfanne mit Auberginen

Kartoffeln, Tofu und Auberginen Stücke nacheinander in einer Pfanne anbraten. Danach zusammen in die Pfanne geben und mit Sojasoße und Zucker würzen. Wichtig ist lediglich, die Aubergine vor der Verarbeitung zu entwässern. Das heißt sie mit Salz zu betreuen und für einige Minuten ruhen zu lassen. Es empfiehlt sich außerdem den Tofu vor dem Verzehr einzulegen. Eine sehr leckere Marinade ist beispielsweise Sojasoße mit Knoblauch und Chili. Die Aubergine lässt sich auch wunderbar durch Paprika ersetzen.

Kalorien: 500

Bewegung/Sport:

Beckenbodentraining (45 min)

SCHLUSSWORT

An dieser Stelle ist es Zeit mich zu verabschieden! Ich hoffe sehr, dass dieses Buch den ein oder anderen brauchbaren Ratschlag für Sie bereitgehalten hat und sie vielleicht ein bisschen weniger verunsichert sind, was die vielen Richtlinien für Schwangere angeht.

Ich hoffe auch, dass das Buch Sie ein wenig beruhigen konnte und Sie darin bestärkt hat Ihren eigenen, für Sie richtigen und passenden Weg zu finden Ihre Schwangerschaft gesund zu gestalten.

Zum Abschluss ist es mir noch wichtig zu sagen, dass es vor allem auch wichtig ist, dass es IHNEN gut geht und nicht nur Ihrem Baby. Viel zu oft tritt das Wohl der Schwangeren nämlich viel zu sehr in den

Hintergrund, obwohl es doch eigentlich sehr bedeutend ist. Deshalb lege ich Ihnen Folgendes nahe: Hören Sie auf ihren Körper! Lassen Sie sich nicht zu viel von anderen reinreden und treffen Sie Entscheidungen für sich selbst!

Dieses Buch ist lediglich ein Leitfaden, der einige Ideen und Grundsätze enthält. Wie und warum Sie sie umsetzen ist vollkommen Ihre Sache.

Ich wünsche Ihnen an dieser Stelle viel Erfolg beim Umsetzen der in diesem Buch erwähnten Ratschläge und Tipps und eine wundervolle Zeit mit Ihrem Baby, vor und nach der Geburt!

Auf Wiedersehen!

QUELLEN

https://www.youtube.com/watch?v=yhKqz6w-LAMW

https://www.google.com/url?sa=i&url=https%3A%2F%2Fwww.cleankids.de%2F2011%2F06%2F28%2Fdie-osterreichische-ernahrungspyramide-fur-schwangere%2F13801&psig=AOvVaw0lq6N_n9VbkbFi8c-vxyTH&ust=1591360606070000&source=images&cd=vfe&ved=0CAIQjRxqFwoTCMjdya-W6OkCFQAAAAAdAAAAABAD

https://www.netdoktor.de/schwangerschaft/stress-in-der-schwangerschaft/

IMPRESSUM

Text: Copyright © 2020 by ALI KALAI TLEMCANI

Impressum:

ALI KALAI TLEMCANI

1 Complexe El hassani Immeuble Amal 2

90000 TANGIER

Marokko

Fotos:
© puhhha / https://depositphotos.com/87334224/st

ock-photo-pregnant-woman-eating-strawberry-at.html

Wichtiger Hinweis:

Die in diesem Buch enthaltenen Informationen dienen ausschließlich informativen Zwecken und dürfen unter keinen Umständen als Ersatz für eine professionelle Beratung oder Behandlung durch ausgebildete und anerkannte Ärzte angesehen werden. Diese beinhalten keinerlei Empfehlungen bezüglich bestimmter Diagnose- oder Therapieverfahren. Die Inhalte dürfen niemals als eine Aufforderung zur Selbstbehandlung oder als Grundlage für Selbstdiagnosen und -medikation verstanden werden. Die Informationen spiegeln lediglich die Meinung des Autors wieder. Der Autor übernimmt für die Art oder

Richtigkeit der Inhalte keine Garantie, weder ausdrücklich noch impliziert.

Sollten Inhalte des Buches gegen geltendes Recht verstoßen, dann bittet der Autor um umgehende Benachrichtigung. Die betreffenden Inhalte werden dann umgehend entfernt oder geändert.